Quilten
Die schönsten Muster

Angelika Massenkeil, Pammi Panesar

Quilten
Die schönsten Muster

ENGLISCH VERLAG

Die Deutsche Bibliothek – CIP-Einheitsaufnahme
Quilten: die schönsten Muster / Angelika Massenkeil; Pammi Panesar. – Wiesbaden: Englisch, 1998
ISBN 3-8241-0848-8

© by Englisch Verlag GmbH, Wiesbaden 1998
ISBN 3-8241-0848-8
Fotos: Frank Schuppelius
Herstellung: Michael Feuerer
Printed in Spain

Inhaltsverzeichnis

Vorwort

Das Handwerk des Quiltens wurde aus einer Notwendigkeit heraus geboren und hat sich inzwischen zu einem Kunsthandwerk mit höchst dekorativem Charakter entwickelt. Sowohl aufwendige als auch schlichte Patchworkarbeiten werden erst durch Quilten zu einem Schmuckstück.

Unter Quilten versteht man das Zusammensteppen von drei Stofflagen zu einer warmen Decke, dem Quilt. Man kann einfache gerade Linien ebenso wie komplexe Muster quilten. Hier sind der Phantasie der Quilterin keine Grenzen gesetzt. In diesem Buch werden eine Vielzahl an traditionellen und modernen Mustern anhand von Beispielen vorgestellt. Schritt für Schritt werden Sie mit dieser Handarbeit vertraut gemacht. Kissen, Taschen, Platzsets, Wandbehänge und Decken bekommen durch das Quilten eine individuelle Note.

Die Vorstellung, dass Quilten ein sehr zeitintensives Hobby ist, muss nicht unbedingt stimmen. Schon mit wenigen Quiltstichen verschönert man ein einfaches Stück Stoff. Selbst mit der Nähmaschine kann man erstaunliche Quiltmuster in kurzer Zeit auf den Stoff bringen.

Der Schwerpunkt dieses Buches liegt auf dem Kapitel Quilten. Natürlich werden auch die Patchworktechniken an Hand von vorgestellten Beispielen detailliert erklärt, denn in der Regel werden ja gepatchte Stoffe gequiltet.

Angelika Massenkeil und Pammi Panesar

Material und Zubehör

Sicherlich haben Sie bereits viele Dinge, die zum Quilten und Patchen notwendig sind. Schauen Sie Ihr Nähkästchen durch, bevor Sie entscheiden, welches Zubehör Sie noch benötigen. Heute gibt es bereits einen ganzen Industriezweig, der Patchwork- und Quiltzubehör anbietet. Es ist ratsam, nicht die billigsten Angebote zu kaufen, es sei denn, dass man von namhaften Herstellern reduzierte Ware bekommen kann. Viele Hersteller rüsten ihre Lineale mit einer Inch-Einteilung aus; es sind aber auch Lineale mit Inch- und Zentimeter-Einteilung erhältlich, die natürlich für unseren Gebrauch effektiver sind. Die Schneidematte sollte flexibel und nicht zu klein sein und ebenfalls eine Zentimeter-Einteilung aufweisen.

Stoffe

Theoretisch ist es möglich, auf allen Stoffen zu quilten, jedoch ist das Quilten auf Polsterstoffen, Vorhangstoffen und handgewebten Stoffen schwierig. Gut quilten lassen sich Baumwollstoffe, die man ja auch für Patchwork benötigt, sowie schwerere

Seidenstoffe wie Wildseide und Satin. Diese erfordern jedoch mehr Übung, denn sie rutschen leicht hin und her, außerdem lassen sie sich mit einem Quiltstift nicht gut markieren.

Volumenvlies
Das Vlies, auch Wattierung genannt, ist ein wichtiger Bestandteil des Quilts und muss entsprechend dem Verwendungszweck, sei es nun ein Wandbehang, eine Babykrabbeldecke oder eine Tasche, sorgfältig ausgewählt werden. Gequiltete Muster kommen durch das richtige Vlies und das sich daraus ergebende Volumen besonders gut zur Geltung. Volumenvliese werden in verschiedenen Stärken und Materialien als Meterware angeboten.

Polyestervlies
Polyestervlies gibt es in leichten, mittleren und hochbauschigen Qualitäten. Leichte Vliese verwendet man für Tischdecken, Taschen und Platzsets.
Ein mittleres Vlies ist ideal für Wandbehänge und Kissenplatten.
Hochbauschiges (dickes) Vlies ist für Tages- und Krabbeldecken gut geeignet.

Polyestervlies zum Aufbügeln
Polyestervlies zum Aufbügeln ist ein leichtes Volumenvlies, das sich vor allem zum Maschinenquilten eignet, da nichts verrutschen kann.

Baumwollvlies
Wenn Sie Wert auf eine reine Baumwollfüllung legen, verwenden Sie Baumwollvlies. Hier gibt es allerdings keine so große Auswahl. In unseren Tischdecken und Platzsets haben wir dünnes Baumwollvlies verarbeitet, den dickeren Baumwollvlies haben wir bei den Abendtaschen verwandt.

Molton
Molton, ebenfalls aus reiner Baumwolle, eignet sich gut für Wandbehänge, da es etwas schwerer fällt.

Zentimetermaß
Ein Zentimetermaß ist bei Näharbeiten unentbehrlich.

Scheren
Sie benötigen mindestens zwei Scheren; eine, die Sie nur für den Stoff benutzen, und eine zweite zum Schneiden von Papier. Eine kleine Schere zum Abschneiden von Fäden ist sehr hilfreich.

Rollcutter, Matte und Lineal
Rollcutter, Matte und Lineal benötigen Sie nur, wenn Sie auch patchen, z. B. der Amish-Quilt und der Ninepatch-Quilt auf den Seiten 19 bis 24 sind ohne diese Hilfsmittel so präzise nicht herstellbar. Wenn Sie allerdings nur Kissen oder Taschen quilten wollen, kommen Sie mit einer Stoffschere aus. Eine elastische Vinyl-Schneidematte in einer Größe von mindestens 45 x 60 cm ist für Patchworkarbeiten unerlässlich. Sie ermöglicht ein genaues und bequemes Arbeiten. Die Matten haben aufgedruckte senkrechte und waagerechte Linien in Zentimeteraufteilung.
Mit einem Rollcutter können Sie mühelos schnell und exakt mehrere Stofflagen auf einmal durchschneiden.
Transparente Lineale mit Maßeinteilung kann man zum Abmessen des Stoffes und auch zum Abschneiden des Stoffes mit dem Rollschneider benutzen. Es gibt sie in verschiedenen Größen, wobei eine Größe von 15 x 60 cm vielseitig eingesetzt werden kann. Sehr praktisch sind hier auch kleine quadratische Lineale, insbesondere, wenn man mit kleinen Stoffstücken arbeitet.

Nadeln

Quiltnadeln

Nadeln sind ein wichtiges Zubehör beim Quilten. Quiltnadeln, auch Betweens genannt, sind kurze, robuste Nadeln. Sie sind in verschiedenen Größen, hinsichtlich der Länge und Stärke, erhältlich. Je kürzer die Quiltnadel, desto kleiner wird der Quiltstich. Quilten Sie anfangs mit einer mittleren Größe, dabei können Sie feststellen, mit welcher Nadellänge Sie zurechtkommen. Oftmals kommt man durch Probieren der verschiedenen Nadeln weiter, denn eine Faustregel für eine bestimmte Nadel gibt es nicht; die verschiedenen Stoffarten und die Stärken der Wattierungen erfordern hier das Ausprobieren.

Nähnadeln

Nähnadeln benötigt man zum Heften der Stofflagen.

Stecknadeln

Wichtig sind Stecknadeln mit Plastikkopf; wenn Sie besonders dickes Vlies verwendet haben, sollten Sie extra lange Stecknadeln mit Plastikkopf nehmen.

Sicherheitsnadeln

Sicherheitsnadeln dienen zum Befestigen der drei Stofflagen beim Maschinenquilten.

Nähmaschinennadeln

Zum Nähen benötigen Sie je nach Stoffart Nadeln der Stärke 70, 80 und 90. Zum Quilten brauchen Sie spezielle Quiltnadeln für die Nähmaschine.

Garne

Nähgarn

Wählen Sie das Garn sowohl in seiner Qualität als auch seiner Farbe passend zu dem Stoff, den Sie quilten wollen. Folglich sollten Sie immer Baumwollgarn verwenden, wenn Sie auf Baumwollstoff quilten und einen Seidenfaden für Seidenarbeiten. Allerdings sind passende Garne manchmal schwer zu bekommen, hier kann man sich mit einem „Mehrzweckgarn" helfen, ein Faden aus Polyester- und Baumwollgemisch.

Quiltgarn

Zum Quilten gibt es spezielle Quiltgarne, zum Handquilten das Handquiltgarn und zum Quilten mit der Maschine das Maschinenquiltgarn. Wir haben zum Quilten das Garn „Coats and Clark Dual Duty Garn" verwendet. Es ist ein baumwollüberzogenes Polyestermaterial, das es für Maschinen und Handquilten gibt. Das Maschinenquiltgarn ist etwas dünner als das Handquiltgarn.

Im Handel erhalten Sie auch Metallgarne in verschiedenen Farben, mit denen Sie schöne Effekte erzielen können.

Wenn Sie keinen passenden Farbton bekommen können, wählen Sie einen durchsichtigen Nylonfaden.

Reihgarn

Zum Heften der drei Stofflagen benötigen Sie weißes Reihgarn.

Fingerhut

Ein Fingerhut mutet im ersten Moment vielleicht seltsam an, wenn man aber einiges mit der Hand gequiltet hat, lernt man ihn zu schätzen. Es gibt Fingerhüte aus Metall, Leder und Plastik. Suchen Sie den für Sie richtigen aus; er sollte gut auf den Mittelfinger der Hand, mit der Sie nähen, passen.

Hilfsmittel zum Markieren

Das Vorzeichnen des Musters auf dem Stoff ist ein wichtiger Arbeitsschritt.

Es gibt viele Möglichkeiten, das Muster

auf den Stoff aufzutragen, und der Handel hält eine Vielzahl von Stiften und Kreiden bereit. Einen Universalstift, den man auf jedem Stoff anwenden kann, gibt es nicht. Probieren Sie daher das Markierungsmittel vorher auf einem Probestück aus. So können Sie feststellen, ob es sich leicht herausreiben lässt oder ob es ausgewaschen werden muss.

Tragen Sie die Markierung möglichst leicht und dünn auf, damit sie nicht zu tief in die Fasern eindringt.

Wir haben gute Erfahrungen mit Bleistiften und mit Kreidestiften, die es in verschiedenen Farben gibt, gemacht, denn sie lassen sich mit einem speziellen Stoffradierer entfernen. Am besten gefällt uns jedoch ein Phantomstift, wie man ihn üblicherweise aus der Seidenmalerei kennt. Die Linien dieses Stiftes verschwinden nach 1 bis 5 Tagen (je nach Hersteller) von selbst rückstandslos.

Ein weiteres, problemlos anzuwendendes Markierungsmittel für ein Quiltmuster mit geraden Linien ist Kreppklebeband. Es wird einfach auf den Stoff geklebt und dann entlang der Klebekante gequiltet.

Quiltreifen oder Stickrahmen

Einen Quiltreifen oder Stickrahmen aus Holz von ca. 35 cm Durchmesser benötigen Sie, um den Teil des Quiltes, an dem Sie gerade arbeiten, zu spannen. Für größere Decken erleichtert ein Quiltreifen auf einem Ständer das Quilten.

Leichte Pappe, Papier

Zum Anfertigen von Musterschablonen benötigen Sie Pergamentpapier, leichte Pappe oder Tonpapier, einfaches weißes Papier und/oder transparentes Plastikmaterial, z. B. Hüllen, wie man sie für Urkunden verwendet.

Nahttrenner

Auch ein Nahttrenner gehört an jeden Arbeitsplatz; denn ab und zu, wenn etwas aufzutrennen ist, erleichtert er die Arbeit ungemein.

Nähmaschine

Eine einfache Geradstichmaschine reicht aus, um ein Patchworkstück oder einen Quilt zu nähen. Zum Quilten benötigen Sie zusätzlich noch einen Stick- oder Stopffuß. Maschinengestickte Muster, die wie Quiltmuster aussehen, lassen sich jedoch nur mit einer hochtechnischen Maschine mit Stickaggregat ausführen.

Arbeitsplatz

Der Zuschneidetisch sollte mindestens so groß sein, dass Sie 1 m Stoff darauf ausbreiten können. Wir haben unseren Zuschneidetisch mit Velourteppichboden beklebt. Das hat den Vorteil, dass die Schneidematte darauf nicht verrutscht. Die Nähmaschine sollte auf einem Tisch stehen, der von 3 Seiten zugänglich ist. Steht der Nähmaschinentisch an einer Wand, bekommen Sie beim Nähen größerer Teile Probleme mit dem bereits genähten Stoff.

Wenn Sie das Bügelbrett von der Nähmaschine aus gut erreichen können, vielleicht sogar ohne aufzustehen, können Sie problemlos zwischendurch schnell eine Naht ausbügeln. Handquilten kann man fast überall, wir haben immer ein angefangenes Quiltprojekt, z. B. bei längeren Bahnfahrten, im Wartezimmer usw. dabei.

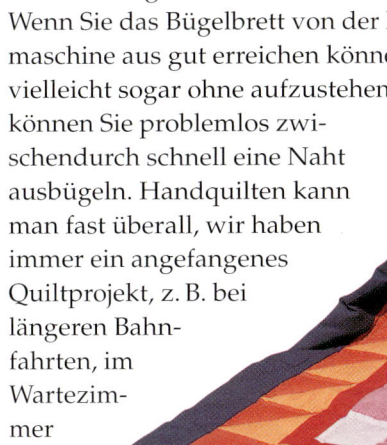

Einige hilfreiche Tipps vorab

Stoffauswahl und Materialverbrauch

Ein schönes Quiltmuster kommt auf einfarbigen Stoffen am besten zur Geltung. Wählen Sie den Stoff immer nach dem Verwendungszweck, eine Wildseide ist für eine Abendtasche angebrachter als für einen Kulturbeutel oder Rucksack. Unter dem Punkt Materialverbrauch finden Sie die Mengenangaben in cm, sie beinhalten auch schon die Nahtzugaben. Da Patchworkstoffe meistens nur 110 cm breit liegen, beruhen alle unsere Maßangaben auf dieser Breite. Falls Stoffe eine andere Breite haben, weisen wir darauf hin. Falls ein fertiger Quilt breiter als 110 cm ist, empfiehlt es sich, einen breiter liegenden Stoff für die Quiltunterseite zu kaufen.

Schneiden mit Rollcutter, Lineal und Schneidematte

Für einige Patchworkarbeiten ist es unerlässlich, dass man sich mit diesen Hilfsmitteln vertraut macht. Schneiden Sie zur Probe ein 110 cm breites Stück Stoff mit dem Cutter. Dazu falten Sie den Stoff am Längsfadenlauf zur Hälfte, die Webkanten liegen nun aufeinander. Falten Sie ihn nochmals. Jetzt liegen 4 Stofflagen übereinander. Legen Sie den Stoff auf die Schneidematte, wobei die Stofffalte, also die Fadenlängsrichtung, parallel zu einer waagerechten Rasterlinie der Schneidematte liegen soll. Legen Sie das Lineal so auf den Stoff, dass der abzuschneidende Stoff vom Lineal nicht bedeckt ist. Halten Sie das Lineal gut fest und führen Sie den Rollschneider mit leichtem und gleichmäßigem Druck am Lineal entlang.

Der Rollschneider sollte immer scharf sein, die Klingen sind auswechselbar. Sichern Sie die Klinge, wenn Sie mit dem Schneiden fertig sind.

Nähen

Nähen Sie die Nähte füßchenbreit. Das bedeutet, dass die rechte Seite des Nähfußes mit der rechten Stoffkante bündig abschließt. Das hat den Vorteil, dass alle Nahtzugaben immer gleich breit sind und die einzelnen Teile genau zusammenpassen. Während der Arbeit an einem Quilt dürfen Sie den Nähfuß nicht wechseln, denn die Breite der Nähfüße ist unterschiedlich. Die gebräuchlichsten Nähmaschinen haben ein

Standardfüßchen, das nach links und nach rechts 0,75 cm breit ist. Der Quiltfuß ist zur äußeren Fußkante 0,63 cm und zur Innenkante 0,315 cm breit.

Für das Zusammennähen von gepatchten Teilen wählen Sie eine Stichlänge zwischen 2 und 3 mm, sind die Teile sehr klein, nähen Sie mit einem 1–2 mm langen Stich. Am Anfang und am Ende einer Naht brauchen Sie nicht vor- und zurücknähen.

Zum Maschinenquilten stellen Sie die Stichlänge etwas größer ein, z. B. auf 3,5 mm. Achten Sie beim Nähen auf eine gleichmäßige Fadenspannung, um ein Kräuseln des Fadens oder des Stoffes zu vermeiden.

Stecken und Reihen

Große Bedeutung kommt dem richtigen Stecken und Reihen bzw. Heften zu. Damit die einzelnen Quiltlagen vor dem Zusammennähen richtig aufeinander liegen und auch während des Zusammennähens nicht

verrutschen können, müssen sie zuerst mit langen Stecknadeln zusammengesteckt und anschließend noch zusammengereiht werden.

Reihen Sie dabei nicht nur parallel zu den Außenkanten, sondern auch diagonal und noch mehrmals mitten durch den Quilt.

Ganz wichtig ist das Reihen der Quiltlagen vor dem eigentlichen Quilten.

Da beim Quilten mit der Hand Teile des Quilts auf einen Quiltrahmen gespannt werden, müssen die Stofflagen besonders gut gereiht werden, damit nichts verrutschen kann.

Bügeln

Wir verwenden zum Bügeln ein Dampfbügeleisen und bügeln alle Nähte mit Dampf. Es ist ratsam, die Nähte nach jedem Arbeitsschritt zu bügeln. Den fertigen Quilt bügeln wir ohne Dampf, damit er nicht so flach gepresst wird.

Quiltmuster

Durch das Quilten werden die drei Lagen eines Quilts, nämlich die Quiltoberseite, die gepatcht sein kann, die Füllung und die Quiltrückseite miteinander verbunden. Die Quiltstiche können einfach gerade und parallel zu den Kanten des Quilts verlaufen oder aber auch in phantasievollen und eigenständigen Mustern gearbeitet werden. Früher wurde nur mit der Hand gequiltet, heute wird auch schon viel mit der Nähmaschine gequiltet, zumal einige Nähmaschinenhersteller Modelle mit eingespeicherten Quiltmustern anbieten. Beim Handquilten liegen die einzelnen Sti-

che weiter auseinander als beim Maschinenquilten. Da der Stich beim Maschinenquilten dichter ist, wird die Füllung auch mehr zusammengepresst und das Muster wirkt voluminöser.

Welches Quiltmuster das richtige für einen Quilt ist, richtet sich ganz nach dem Geschmack der Quilterin. Oftmals gibt schon das Stoffdesign Anstoß zu einem bestimmten Muster. Es können auch großflächige Muster nachgequiltet werden (vgl. dazu „Kissen Fasan und Ente", S. 27) und Stoffmuster mit geometrischen Motiven verleiten zum Quilten geometrischer Muster.

Schablonen

Fertigschablonen

Es gibt eine Vielzahl von traditionellen Quiltmustern, die man auf biegsamen Plastikschablonen in allen Größen und Varianten fertig kaufen kann. Der Musterverlauf ist als Rille in die Schablone gefräst. Mit einem Markierungsstift kann man problemlos in dieser Rille zeichnen. Die Schablone wird auf das entsprechende Quiltoberteil gelegt, gut festgehalten und mit dem Markierungsstift direkt auf den Stoff übertragen. Eine fertige Plastikschablone hat den Vorteil, dass man sie sofort anwenden kann.

Herstellen von Schablonen

In Quiltbüchern und Zeitschriften findet man oftmals schöne Quiltmuster auf beiliegenden Musterbögen. Übertragen Sie dieses Muster auf Pergamentpapier mit einem dicken dunklen Filzstift. Wenn Ihre Quiltoberseite aus hellen Stoffen besteht, übertragen Sie das Quiltmuster auf die Oberseite, bevor Sie die drei Stofflagen des Quilts zusammenreihen. Legen Sie das Pergamentpapier einfach darunter. Falls Sie das Muster schlecht erkennen können, arbeiten Sie mit einem Lichtkasten. Diesen können Sie sich mit Hilfe eines Glastisches oder einer Glasplatte selbst herstellen. Kleben Sie die Schablone auf das Glas, legen Sie die Quiltoberseite darüber und stellen Sie eine Lampe so darunter, dass der Stoff gut beleuchtet ist. Das Muster kann nun durch das Glas gut wahrgenommen werden. Zeichnen Sie die Musterlinien mit einem Kreidestift nach. Ein Phantomstift ist hier nicht unbedingt angebracht, denn diese Linien verschwinden nach 1 bis 5 Tagen (Angabe des Herstellers beachten). In dieser Zeit hat man den Quilt vielleicht noch nicht fertig.

Eigene Schablonen

Aus Karton können Sie vielerlei Muster, z. B. Herzen oder Kreise ausschneiden. Diese können Sie sowohl vor dem Zusammennähen des Quilts als auch nachher mit einem Kreide- oder Phantomstift aufmalen.

Auch Ausstechförmchen lassen sich gut als Schablone verwenden. Es gibt sie in vielen Größen und Formen. Die Kontur wird ebenfalls mit einem Stift umfahren.

Mit Klebeband hat man eine gute Hilfe gerade Linien zu quilten. Die Vorteile sind, dass es sich rückstandslos entfernen lässt und dass man gleich breite Abstände, je nach Breite des Klebebandes, quilten kann.

Stärkere flexible Plastikfolie (z. B. für Hefthüllen, Urkunden) eignet sich gut, um selbst Schablonen, die denen im Handel erhältlichen ähneln, herzustellen. Übertragen Sie das Motiv mit Kugelschreiber oder wasserlöslichem Filzstift auf die Folie. Schneiden Sie nun mit einem scharfen Cutter die Innenlinien aus und achten Sie darauf, dass Sie die Schablone dabei nicht durchschneiden. Schneiden Sie dann die äußere Kontur komplett aus.

Der Quiltstich

Handquilten

Mit der Hand zu quilten ist einfacher, als es zu beschreiben. Es handelt sich um einen fortlaufenden Stich (einen Vorstich), der durch alle drei Quiltlagen durchgehen muss und sowohl auf der Vorderseite als auch auf der Rückseite ein bestimmtes Musterbild darstellen soll. Für Anfänger ist es unbedeutend, wie lang der einzelne Stich ist. Die Hauptsache ist, dass die Stiche alle gleich lang sind, damit sich ein einheitliches Stichbild ergibt. Kurze Stiche sind nicht unbedingt besser, sondern die Gleichmäßigkeit der Stiche ist gefragt. Für Anfänger ist es etwas schwierig, auf der Rückseite des Quilts ein gleichmäßiges Bild zu erarbeiten, lassen Sie sich jedoch davon nicht beirren, wenn wenigstens 75 % der Stiche auf der Rückseite sichtbar sind, sollten Sie für den Anfang zufrieden sein und Ihre Arbeit nicht auftrennen. Erst mit zunehmender Praxis stellt sich der Erfolg ein. Übung macht den Meister!

Das Quiltgarn suchen Sie entweder passend zu den Stofffarben aus, wobei Sie auch mehrere Garnfarben verwenden können, oder Sie wählen ein Garn, das im Farbkontrast zum Quilt steht. Sie können aber auch ein neutrales transparentes Polyestermaterial aussuchen.

Wenn Sie Rechtshänder sind, quilten Sie von rechts nach links, sind Sie Linkshänder ist die Richtung umgekehrt.

Einfädeln der Nadel

Schneiden Sie einen etwa 60 cm langen Faden von der Quiltgarnrolle ab und fädeln Sie ihn in die Quiltnadel. Bei dieser Länge verdreht sich das Garn nicht so leicht. Für das Quilten verwenden Sie den Faden nur einfach. Machen Sie einen Knoten in ein Ende des Fadens.

Vorbereiten des Quilts

Sie können sowohl Ihren völlig fertiggestellten und vorgezeichneten Quilt quilten, als auch einen noch ohne Abschlusskante genähten Quilt. Wichtig ist, dass die Quiltvorderseite, das Vlies und die Quiltrückseite exakt aufeinander liegen. Ein wichtiges Hilfsmittel ist das Reihen des Quilts mit Reihgarn, damit sich beim anschließenden Bespannen des Rahmens nichts verschieben kann. Beginnen Sie beim Reihen in der Mitte des Quilts und reihen Sie mehrere Reihen von der Mitte aus nach links und nach rechts.

Spannen Sie anschließend die Mitte des Quilts auf den Quiltrahmen.

Einstechen der Nadel

Gehen Sie mit der Nadelspitze etwa 2 cm nach rechts von Ihrem Quiltmuster und stechen Sie diese durch den Oberstoff und die Füllung. Schieben Sie die Nadelspitze so, dass sie am Startpunkt des Quiltmusters wieder an die Oberfläche kommt. Ziehen Sie den Faden vorsichtig durch die Quiltoberseite, sodass der Knoten in der

Zeichnung 1

Wattierung stecken bleibt und nicht wieder zum Vorschein kommt. Der Faden ist jetzt unsichtbar verknotet (Zeichnung 1 und 2).

Zeichnung 2

Der einzelne Quiltstich

Stechen Sie die Nadelspitze durch den Quilt, bis Sie mit dem Mittelfinger der unteren Hand die Nadel fühlen. Schieben Sie die Nadelspitze mit Hilfe des unteren Mittelfingers einige Millimeter in Arbeitsrichtung, führen Sie die Nadel wieder nach oben und holen Sie den Faden hoch. Ziehen Sie nur leicht am Faden, denn er soll etwas in den Stoff einsinken, ihn aber nicht kräuseln. Auf Vorder- und Rückseite sind je-

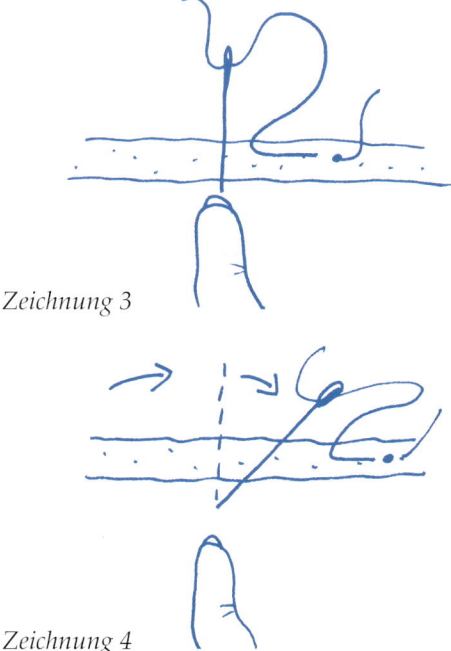

Zeichnung 3

Zeichnung 4

weils ein Stich zu sehen. Fahren Sie so mit Ihrer Quiltarbeit fort (Zeichnung 3 und 4).

Mehrere Quiltstiche auf der Nadel

Schneller quiltet man, wenn man mehrere Stiche auf einmal quiltet. Bei geraden Musterlinien ist das natürlich sehr einfach und zeitsparend, bei kurvigen Mustern ist es nur bedingt möglich. Führen Sie die Quiltnadel wie bei einem einzelnen Stich ein, wieder nach oben, ohne den Faden hochzuholen, und führen Sie die Nadel erneut in den Quilt usw. Es passen je nach Stichlänge bis zu 5 Stiche auf die Nadel.

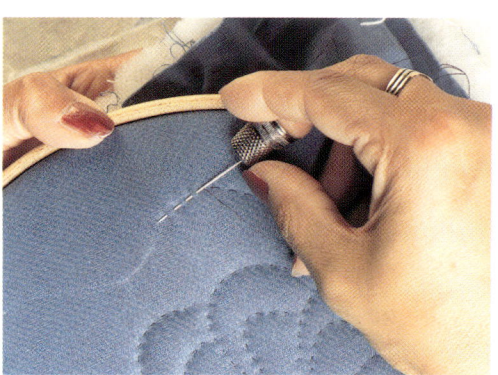

Das Fadenende

Beendet wird der Quiltstich genauso, wie er begonnen hat, nämlich mit einem Knoten. Wenn Sie nur noch 10 cm Faden übrig haben, holen Sie den Faden an die Oberseite und machen etwa 1 cm von der Oberseite entfernt einen Knoten in den Faden. Schieben Sie die Nadel zurück in das Oberteil auf die Markierung des Stiches und schieben Sie sie durch das Vlies – nicht durch die Unterseite – ca. 2 cm nach links wieder nach oben. Nun liegt der Knoten in der Wattierung, wie auch bereits am Fadenanfang. Den überstehenden Faden schneiden Sie entlang der Quiltoberseite vorsichtig ab (Zeichnung 5 und 6).

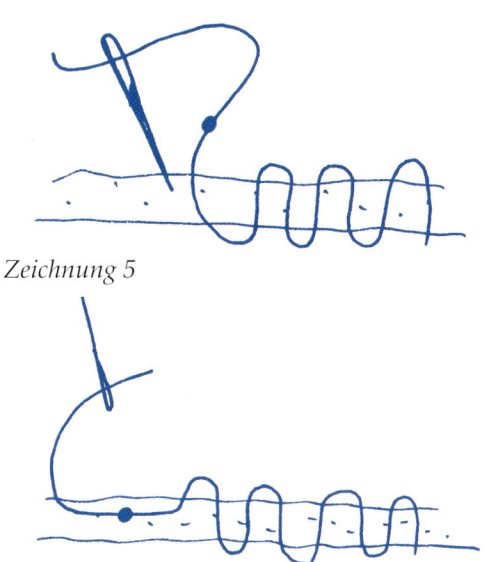

Zeichnung 5

Zeichnung 6

Wo wird gequiltet?

Stitch in the ditch (In der Naht quilten)
Dies ist eine Möglichkeit, den Quilt unauffällig, das heißt ohne die Wirkung des Patchworkmusters zu verändern, zu quilten. Man steppt in den Nähten der einzelnen Quiltblöcke oder der Randstreifen. Von Vorteil ist hierbei, dass die Quiltlinien nicht vorgezeichnet werden müssen.

Konturquilten
Auch hier werden die Blockmuster betont. Die Stepplinien liegen jedoch neben der Naht und fassen einzelne Teile des Musterblocks ein. Da der Abstand zur Naht immer gleichmäßig sein sollte, müssen Sie immer die Füßchenbreite beachten. Diese Methode eignet sich gut für kleine Projekte, da der Quilt je nach Muster, z. B. Dreiecke, häufig gedreht werden muss. Auch hier müssen die Linien nicht vorgezeichnet werden.

Quilten außerhalb des Musters
Das Konturquilten erfolgt innerhalb des Musters. Man kann auch außerhalb des Musters quilten, dieses Quilten ist mit einer Einrahmung zu vergleichen. Die Stepplinien liegen hier ebenfalls neben der Naht und rahmen das Muster ein. Die Linien müssen auch hier nicht vorgezeichnet werden.

Parallel- und Gitterstreifenquilten
Bei größeren Projekten empfiehlt sich das Parallel- und das Gitterstreifenquilten. Beim Parallelquilten werden parallel verlaufende Linien, die senkrecht, waagerecht oder diagonal verlaufen können, gequiltet. Eine Kombination von gequilteten senkrechten und waagerechten Linien nennt man Gittermuster.

Motivquilten
Unter Motivquilten versteht man das Quilten von Formen und Ornamenten, z.B. Herzen, Blüten, Blätterranken. Diese Methode wendet man auf großen freien Flächen, großen einfarbigen Flächen oder Borten an. Für viele Motive gibt es Musterschablonen.

Flächenquilten
Große Flächen um ein Einzelmotiv herum kann man mit einer fortlaufenden kurvigen Linie quilten.

Maschinenquilten

Gerade Linien (maschinengesteuertes Quilten) kann man mit jeder Maschine quilten. Will man kurvige Muster (freies Maschinenquilten) mit der Maschine quilten, sollte die Nähmaschine einen Stickfuß und einen absenkbaren Transporteur haben. Nur mit viel Übung kann man auch ohne jeglichen Fuß frei mit der Maschine quilten. Mit der Nähmaschine gequiltete Muster wirken natürlich anders als handgequiltete. Die Quiltstiche liegen dichter beiein-

ander und dadurch wirken die einzelnen Quiltlinien nicht so gestrichelt, sondern geschlossener. Die Wattierung wird fester zusammengepresst und es entsteht eine stärkere Reliefstruktur auf dem Quilt. Beim Quilten mit der Nähmaschine unterscheidet man zwischen dem „freien Maschinenquilten" und dem „maschinengesteuerten Quilten".

Für das Quilten mit der Maschine muss man den Quilt so rollen oder auch falten, dass er zum einen unter den Nähfuß geschoben und dann auch hin und her bewegt werden kann, zum anderen darf er nicht über die Tischkante hinausragen, damit er nicht hinunterrutscht. Wenn Sie von der Mitte nach außen quilten, hat das den Vorteil, dass die Stoffmenge, die rechts vom Nähfuß liegt, immer weniger wird und der Quilt sich einfacher führen lässt.

Maschinengesteuertes Quilten

Beim maschinengesteuerten Quilten benötigen Sie einen normalen Nähfuß oder einen Quiltfuß und der Untertransporteur wird wie beim Nähen eingestellt. Diese Methode wird vor allem bei langen geraden Nähten entweder mit dem Geradstich oder einer anderen Stichart angewandt. Entsprechend dem Patchworkmuster kann man ein Quiltmuster ableiten.

Freies Maschinenquilten

Wenn Sie den Transporteur versenken und den Stickfuß anbringen (oder auch ganz ohne Fuß arbeiten), können Sie frei mit der Maschine quilten. Freies Quilten bedeutet, dass der Stoff auf der Maschine unter der Nadel hin und her geschoben wird. Mit beiden Händen führt man den Stoff vorsichtig und langsam hin und her, dabei kann man jedes Muster steppen, ohne den Stoff ständig drehen zu müssen. Diese

Technik bietet sich sowohl für vorgezeichnete Motive an, als auch für freie Muster ohne Vorzeichnung, wie z. B. Mäander oder Mosaikmuster.

Nähmaschinen mit Stickaggregat

Nähmaschinen mit Stickaggregat verfügen über eine Vielzahl von speziellen Musterdisketten, unter anderem sind auch Quiltmusterdisketten erhältlich. Hierzu wird zunächst das Stickaggregat mit der Maschine verbunden und der Stickfuß angebracht, dann der zu bearbeitende Teil des Quilts in den zur Maschine gehörigen Stickrahmen gespannt. Befolgen Sie hierfür die Angaben des einzelnen Nähmaschinenherstellers.

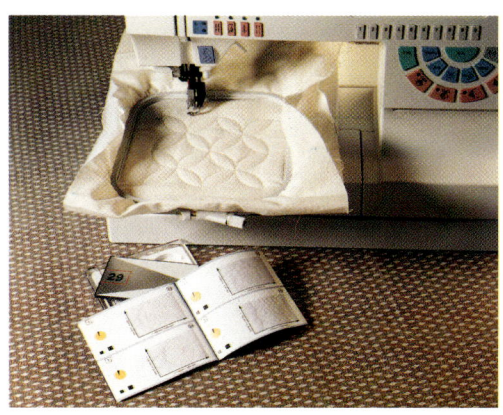

Die schönsten Quiltarbeiten

1. Amish-Quilt

Welche Quilterin kennt nicht die Quilts der Amish-People, die sich durch einfache Muster und leuchtende ungemusterte Baumwollstoffe auszeichnen. In diesem Stil haben wir einen Quilt in der Größe 103 cm x 103 cm gearbeitet und mit der Hand verschiedene Muster aufgequiltet.

Material
+ 35 cm Baumwollstoff in Pink
+ 20 cm Baumwollstoff in Altrosa
+ 20 cm Baumwollstoff in Dunkelrot
+ 36 cm Baumwollstoff in Rost
+ 36 cm Baumwollstoff in Orange
+ 25 cm Baumwollstoff in Hellblau
+ 10 cm Baumwollstoff in Flieder
+ 16 cm Baumwollstoff in Dunkelblau
+ 32 cm Baumwollstoff in Marineblau und 110 cm für die Rückseite
+ 130 cm voluminöses Polyestervlies (150 cm breit) für die Füllung
+ blaues Nähgarn
+ rotes oder blaues Handquiltgarn
+ 2 Schablonen Amish, Fertigschablone mit Rankenmotiv

Anleitung
Schneiden Sie die Baumwollstoffe mit dem Cutter auf der Schneidematte folgendermaßen zu:
Der pinkfarbene Stoff wird als Quadrat in der Größe 35 cm x 35 cm zugeschnitten, der Stoff in Altrosa in zwei je 10 cm breite Streifen. Schneiden Sie den dunkelroten Stoff in vier je 5 cm breite Streifen, den rostfarbenen in 3 je 12 cm breite und den orangefar-benen in 3 je 12 cm breite Streifen. Der hellblaue Stoff wird in 2 Quadrate von 25 cm x 25 cm zugeschnitten, die Sie diagonal durchschneiden. Schneiden Sie den flieder-farbenen Stoff in 4 Quadrate von 10 cm x 10 cm, den dunkelblauen in 4 Streifen von 4 cm und den marineblauen in 4 Streifen von 8 cm und 110 cm für die Rückseite.

Nähen Sie die Quiltoberseite gemäß der Zeichnung 2 (s. S. 20). Um den Zackenrand herzustellen, schneiden Sie den rostfarbe-nen und den orangefarbenen Streifen in 12 x 12 cm große Quadrate (s. Zeichnung 1). Legen Sie 16-mal jeweils ein rost- und ein orangefarbiges Quadrat aufeinander, stecken Sie diese mit Stecknadeln aneinander und zeichnen Sie mit einem weichen Bleistift die Diagonallinie ein. Nähen Sie nun die einzelnen zusammengesteckten Quadrate rechts und links von der ein-gezeichneten Diagonallinie füßchenbreit zusammen. Schneiden Sie anschließend die

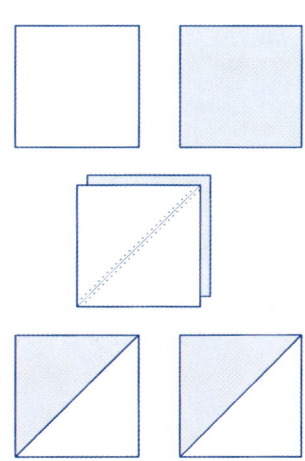

Zeichnung 1

Quadrate an der Diagonallinie mit dem Rollcutter durch. Klappen Sie die nun entstandenen Dreiecke auseinander – Sie haben jetzt ein Quadrat in den Farben Rost und Orange vor sich liegen. Bügeln Sie nun die diagonalen Nähte auf eine Seite. Nähen Sie anschließend die einzelnen Musterquadrate gemäß der Zeichnung 2 aneinander. Ist die Quiltoberseite fertiggestellt, legen Sie sie rechts auf rechts auf die Quiltrückseite, das Vlies liegt dabei unter den beiden Stofflagen. Stecken Sie die drei Lagen sorgfältig fest. Sicherheitshalber heften Sie die Stofflagen noch mit Reihgarn zusammen. Nähen Sie nun die Quiltseiten gut füßchenbreit an den Außenseiten zusammen, beginnen Sie dabei nicht an einer Ecke, sondern ca. 20 cm zur Mitte einer Seite hin. Am Ende des Umnähens lassen Sie ein etwa 40 cm langes Stück der Naht zum Wenden auf. Kontrollieren Sie, ob Sie überall alle 3 Stofflagen genäht haben, entfernen Sie die Stecknadeln und das Reihgarn und wenden Sie die Decke. Bügeln Sie den Quilt gut von Vorseite und Rückseite und nähen Sie die Öffnung mit einem verdeckten Handstich zu.

Quilten

Übertragen Sie die beiden Schablonen Amish auf den Stoff und quilten Sie die Linien mit Handquiltgarn. Befolgen Sie dabei die Tipps zum Übertragen der Schablonen, zum Reihen, Spannen und Quilten. Bei den Karos und den halben Dreiecken werden nur die Konturen gequiltet, die Dreiecke in der Mitte werden mit je 3 Dreiecksmotiven gequiltet.

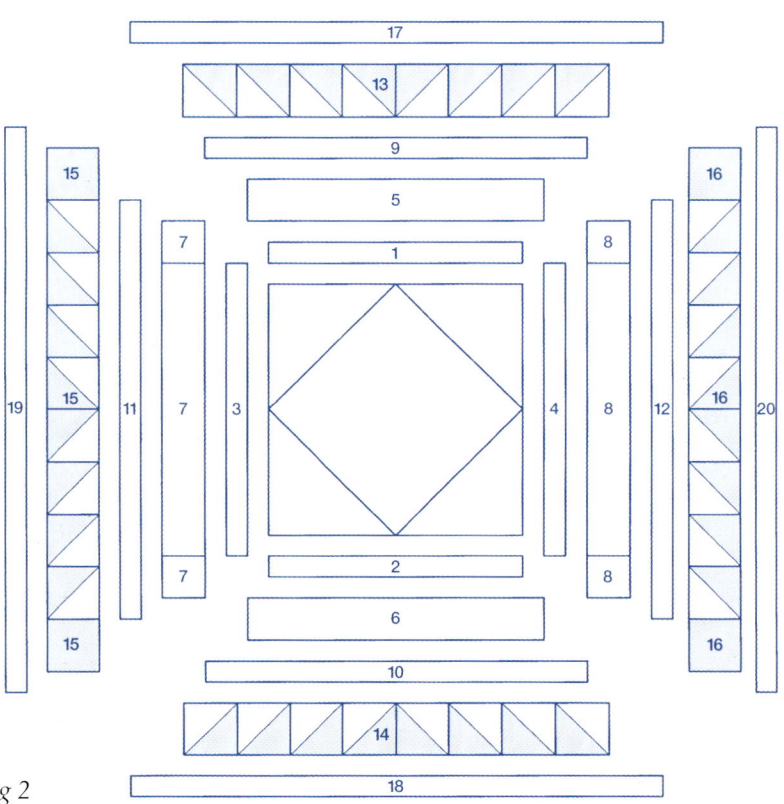

Zeichnung 2

20

2. Klassischer Nine-Patch-Quilt

Wie schon der Name sagt, besteht ein Musterblock dieses Quilts aus 3 x 3 = 9 einzelnen Teilen. In diesem Quilt sind 5 Nine-Patch-Blöcke mit vier Stoffbreiten, die der Blockgröße entsprechen, kombiniert. Zwei schmale Ränder und ein breiter gemusterter Rand heben die Wirkung des schlichten Nine-Patches noch hervor. Die fertige Quiltgröße ist 85 x 85 cm. Nur auf die hellen Stoffteile wurde mit der Hand ein Muster gequiltet.

Material
+ 50 cm Baumwollstoff, hell gemustert
+ 80 cm Baumwollstoff, dunkel gemustert
+ 20 cm Baumwollstoff in Marineblau
+ 12 cm Baumwollstoff in Rostrot
+ 90 cm farblich passender Stoff für die Rückseite
+ 90 cm Volumenvlies mittlerer Stärke
+ helle oder dunkle Nähseide
+ hellbeiges Handquiltgarn
+ Quiltrahmen und Markierstift
+ Schablone Nine-Patch

Anleitung
Für die Nine-Patch-Blöcke schneiden Sie von dem hellen Stoff mit dem Cutter einen Streifen von 12 cm und 2 Streifen von 7 cm zu. Von dem dunklen Stoff schneiden Sie 2 Streifen von 7 cm und einen Streifen von 12 cm zu.
Nähen Sie nun gemäß der Zeichnung zwei Bänder aus den Stoffen.

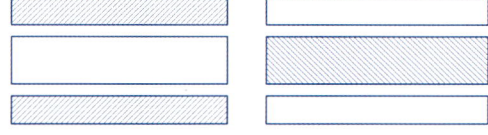

Schneiden Sie anschließend die genähten Bänder folgendermaßen in Musterteile:
Band A in 7 cm breite Streifen und Band B in 12 cm breite Streifen.

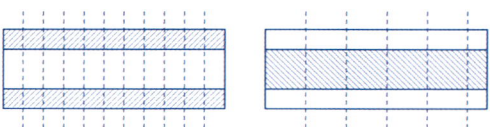

Für einen Nine-Patch-Block legen und nähen Sie die Streifen wie folgt zusammen:

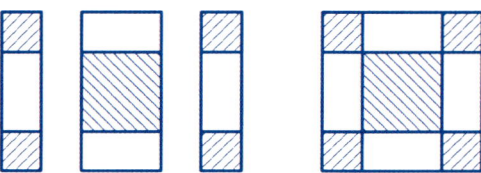

Schneiden Sie nun aus dem hellen Stoff 4 Quadrate in der Größe eines Musterblockes zu. Je nach Größe der Nahtzugabe bei Ihren Musterblöcken müsste die Größe der hellen Zwischenquadrate etwa 22 x 22 cm betragen. Nähen Sie immer 3 Quadrate zu einer Reihe zusammen und schließlich die Reihen aneinander.
Schneiden Sie nun für die blauen Randstreifen 4-mal je 5 cm breite Streifen und für die rostroten Randstreifen 4 je 3 cm breite zu. Den äußeren gemusterten Randstreifen von 12 cm Breite können Sie in voller Länge annähen, oder aber auch, wie hier gezeigt, in alle 4 Ecken ein helles Quadrat von 12 x 12 cm einarbeiten.

Übertragen des Quiltmusters auf die Quiltoberseite
Übertragen Sie nun das Quiltmuster mit einem schwarzen Filzstift von der Schablone Nine-Patch auf Papier. Legen Sie das

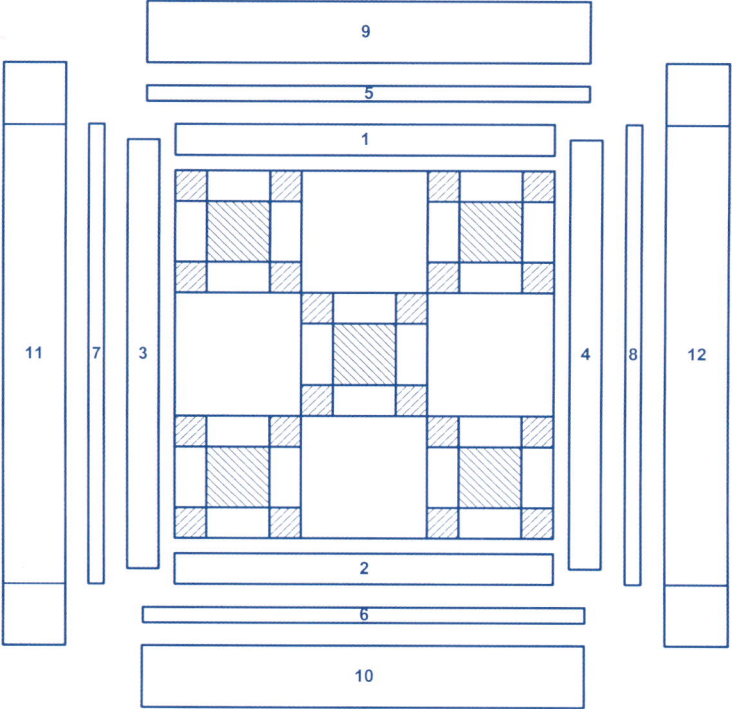

Papier unter das Quilttop (= Quiltoberseite), bei dem hellen Stoff können Sie die dunklen Filzstiftlinien gut erkennen. Falls der Stoff zu dicht gewebt ist und das Muster nicht durchscheint, legen Sie – wie auf Seite 14 beschrieben – die Musterzeichnung auf einen Glastisch, das Quilttop darüber. Stellen Sie eine helle Lampe direkt unter den Glastisch und beleuchten Sie das Quilttop von unten. Nun können Sie das Muster klar erkennen und mit einem Kreidestift oder einem Phantomstift nachfahren. Wenn Sie mit einem Phantomstift vorzeichnen, müssen Sie den Quilt innerhalb der Löschzeit des Stiftes (in der Regel bis zu 5 Tagen, Angabe des Herstellers beachten) fertigstellen.

Fertigstellen des Quilts
Legen Sie das Vlies auf den Tisch, darauf die Quiltober- und Unterseite rechts auf

rechts. Stecken Sie die drei Stofflagen mit Stecknadeln gut fest und nähen Sie die Lagen füßchenbreit zusammen. Beginnen Sie mit dem Zusammennähen nicht an einer Ecke, sondern etwa in der Mitte einer Seite. Beenden Sie die Naht ca. 30 cm vor dem Beginn. Entfernen Sie die Stecknadeln und wenden Sie den Quilt. Bügeln Sie den Quilt sorgfältig von beiden Seiten.

Quilten
Übertragen Sie das Muster Nine-Patch vom Vorlagebogen, wobei die Musterranke an der gestrichelten Linie noch einmal spiegelverkehrt dagegen gesetzt werden muss. Spannen Sie den Quilt in den Rahmen und beginnen Sie von der Mitte her Muster für Muster mit hellem Handquiltgarn zu quilten. Das Muster in den Eckquadraten ist ein kleiner Teil aus dem großen Motiv des Quilts.

3. Enten-Kissen Loq Cabin

Diese beiden Kissen haben eine Größe von 50 x 40 cm plus 4 cm Stehsaum an jeder Seite. Das Loq Cabin oder Blockhausmuster ist ein ideales Muster für Kissen und auch Quilts, wenn man nicht so viel Zeit investieren will. Es ist einfach zu schneiden und zu nähen. Auf die helle Mitte des Kissens haben wir eine Ente mit einer Fertigschablone gequiltet.

Material für das blaue Kissen
+ 23 cm Baumwollstoff in Hellbeige
+ 10 cm Baumwollstoff in Dunkelblau
+ 30 cm Baumwollstoff in Hellblau für den Rand und 50 cm für die Rückseite
+ 50 cm leichtes Baumwollstoffvlies
+ Nähseide
+ hellbeiges Quiltgarn zum Handquilten
+ Fertigschablone Motiv Ente

Anleitung
Der Materialverbrauch für das grüne Kissen ist derselbe, es wurden nur andere Stoffe und eine andere Schablone gewählt. Schneiden Sie für die Mitte ein Stück in der Größe von 31 x 23 cm zu, aus dem dunkelblauen Stoff schneiden Sie zwei Streifen von je 5 cm Breite und aus dem hellblauen Stoff je 2 Streifen von 5 cm und 10 cm Breite.

Legen Sie den hellblauen, 5 cm breiten Streifen so auf das hellbeige Rechteck, dass die Kanten rechtsbündig sind. Nähen Sie füßchenbreit eine Naht bis zum Ende des Rechteckes. Heben Sie den Nähfuß an und schneiden Sie den angenähten Streifen bündig mit dem Rechteck ab.

Bügeln Sie die Nahtzugabe vom Rechteck weg nach außen.

Drehen Sie die Arbeit um 90 Grad, legen Sie wieder den hellen Streifen bündig rechts auf rechts auf die aufgeklappte Seite des ersten Streifens und nähen Sie ihn fest. Schneiden Sie den überstehenden Stoffstreifen rechtwinklig ab und bügeln Sie die Nahtzugabe vom Rechteck weg nach außen.

Drehen Sie die Arbeit nun wieder um 90 Grad und nähen Sie den dunkelblauen Streifen an. Fahren Sie mit dieser Arbeitsweise fort, indem Sie mit dem Nähen immer dort beginnen, wo Sie mit dem zuletzt genähten Streifen aufgehört haben. Schneiden Sie den überstehenden Stoffstreifen ab und bügeln Sie die Nahtzugabe vom Rechteck weg nach außen. Prüfen Sie immer, ob der Streifen auch passgenau auf dem untenliegenden Rechteck liegt.

Wenn Sie das Rechteck einmal umrundet haben, nähen Sie in derselben Weise die zweite Runde an. Für die dritte Runde nähen Sie den 10 cm breiten hellblauen Streifen an.

Quilten

Die Ente wurde nach einer Quiltschablone gequiltet. Zeichnen Sie das Motiv mit dem Phantomstift auf und quilten Sie mit beigem Handquiltgarn.

Kissenrückseite

Das Kissen wird nicht mit einem Reißverschluss, sondern mit einem Hotelverschluss geschlossen. Sie benötigen für die Rückseite ein Stück Stoff in der Größe von 50 x 80 cm. Schneiden Sie den Stoff an der langen Seite in der Mitte durch, sodass Sie zwei 50 x 40 cm große Stoffstücke erhalten. Schlagen Sie die abgeschnittenen Kanten nach innen ein und steppen Sie eine Naht. Legen Sie die beiden Teile etwa 6 cm überlappend aufeinander und nähen Sie links und rechts eine etwa 10 cm breite Naht, in der Mitte bleibt eine Öffnung von ca. 30 cm. Legen Sie die Kissenrückseite rechts auf rechts auf die Kissenoberseite. Schneiden Sie eventuell überstehenden Stoff von der Rückseite ab.

Fertigstellen des Kissens

Ober- und Rückseite liegen jetzt rechts auf rechts aufeinander. Stecken Sie beide Stofflagen zusammen und nähen Sie an den Außenkanten füßchenbreit beide Stoffe aneinander. Schließen Sie alle Nähte, lassen Sie keine Öffnung; denn die Öffnung zum Wenden ist ja bereits der Hotelverschluss.

Wenden Sie das Kissen, arbeiten Sie die Ecken gut heraus und bügeln Sie das Kissen. Für den Stehsaum steppen Sie nun von der Kissenoberseite aus eine umlaufende Naht, die etwa 4 cm parallel zum Rand läuft.

4. Kissen Fasan und Ente

Wenn Stoffe ein großes Einzelmotiv haben, hat man die Möglichkeit, die Konturen dieses Motives nachzuquilten. So wird es besonders plastisch hervorgehoben. Es gibt Stoffe mit aufgedruckten Mustern, die sich sehr gut für das Anfertigen von Kissen eignen und auch spezielle Kissenmusterstoffe, die zusätzlich zum Motiv noch eine farblich abgestimmte Umrandung haben. So einen Stoff haben wir hier verarbeitet. Beide Kissen sind 40 x 40 cm groß.

Material

✦ 1 Kissenabschnitt 40 x 40 cm
✦ 40 x 40 cm mittleres Baumwollvlies
✦ 40 x 40 cm Baumwollstoff für den rückwärtigen Stoff
✦ 60 x 40 cm Baumwollstoff für die Kissenrückseite in einer passenden Farbe

Anleitung

Legen Sie den Kissenmotivstoff, das Vlies und den rückwärtigen Stoff so aufeinander, dass das Vlies in der Mitte liegt. Stecken und reihen Sie die drei Stofflagen zusammen. Quilten Sie nun mit Handquiltgarn die Hauptkonturen des Motivs nach. Nähen Sie anschließend den Hotelverschluss für die Kissenrückseite, wie auf S. 26 beschrieben, und legen Sie die dreiteilige Kissenoberseite und die Rückseite rechts auf rechts aufeinander. Nähen Sie die 4 Lagen an den Kanten füßchenbreit zusammen.

5. Platzdeckchen

Hier haben wir drei farblich passende Stoffe zu einem Kaffeeservice ausgesucht, in Anlehnung an das Servicemuster ein Quiltmuster entworfen und mit der Hand auf den Rand gequiltet. Aus diesen Stoffen haben wir Platzsets und ein Deckchen für einen Brötchenkorb genäht.

Material für 2 Platzsets und ein Deckchen
✦ 22 cm Baumwollstoff in Blau
✦ 100 cm Baumwollstoff in Gelb
✦ 20 cm gelbblau karierter Baumwollstoff
✦ 80 cm leichtes Baumwollvlies
✦ Nähseide und gelbes Handquiltgarn
✦ Schablone Spitzbogen

Anleitung
Schneiden Sie für die Platzsets aus dem blauen Stoff 2 Rechtecke in der Größe 22 x 30 cm zu. Aus dem blau karierten Stoff schneiden Sie vier 3 cm breite Streifen am besten mit der Schere zu, schneiden Sie dabei entlang einer Musterlinie. Schneidet man Karostoff mit dem Cutter, wirkt das Muster meistens schief, weil die Stoffe nicht ganz gerade gewebt sind. Anschließend werden aus dem gelben Stoff vier 8 cm breite Streifen zugeschnitten. Für das Deckchen sollten Sie sich beim Zuschnitt des Stoffs nach der Größe Ihres Brotkörbchens richten. Die Breite der Streifen aus gelbem und kariertem Stoff ist die gleiche

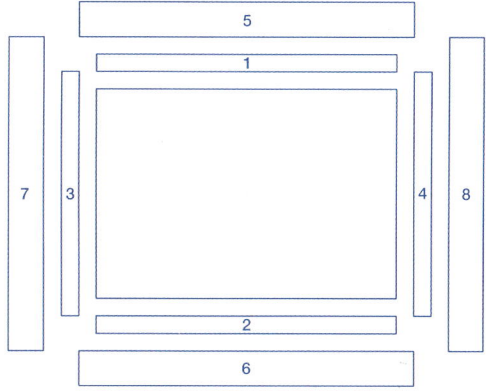

wie bei den Platzsets. Anschließend werden gemäß der Zeichnung die Streifen aneinander genäht.

Schneiden Sie das Vlies und die Rückseiten entsprechend groß für jedes Platzdeckchen zu. Stecken Sie die drei Stofflagen mit Stecknadeln gut fest und nähen Sie die Lagen füßchenbreit zusammen. Beginnen Sie mit dem Zusammennähen nicht an einer Ecke, sondern etwa in der Mitte einer Seite. Beenden Sie die Naht ca. 20 cm vor dem Beginn. Entfernen Sie die Stecknadeln, wenden Sie die Platzdeckchen und bügeln Sie sie sorgfältig von beiden Seiten.

Quilten

Um das Quiltmuster auf die Ränder des Platzsets aufzuzeichnen, fertigen Sie sich eine Pappschablone von der Schablone Spitzbogen an. Legen Sie diese Schablone auf den Randstreifen, und zwar dort, wo

der karierte Rand auf den gelben trifft. Schieben Sie die Schablone so weit zum nächsten Bogen, dass die Überschneidungen alle gleich groß sind und der Anfangs- und Endbogen jeweils an den Ecken endet, bzw. beginnt. Umfahren Sie Bogen für Bogen mit einem Phantomstift und quilten Sie die Linien mit gelbem Handquiltgarn.

Diagramm mit Streifen 1–8.

6. Tasche

Die fertige Tasche ist 40 x 47 cm groß, d.h. geräumig genug für Einkäufe oder auch DIN-A4-Akten und Schreibmaterial. In unserer Restekiste fanden wir den hübschen Gänsestoffrest und auch einen kleinen Rest des braunbeige geblümten Stoffes, aus denen wir die Vortasche genäht haben. Bald entstand die Idee, die hübschen flachen Holzgänse aus der Osterdekoration zu Knöpfen umzufunktionieren, um die Henkel damit zu befestigen. Schnell wurde die Idee in die Tat umgesetzt und mit einer Bohrmaschine wurden kleine Löcher in die Holzgänse gebohrt (mit einem kleinen Vorbohrer geht es auch). Vorder- und Rückseite der Tasche wurden mit der Nähmaschine frei gequiltet.

Material

+ 65 cm rostbrauner kleingemusterter Baumwollstoff
+ 45 cm uni rostfarbener Baumwollstoff
+ Reste zweier Musterstoffe
+ 65 cm leichtes Polyestervlies und ein Stück für die Henkel
+ Nähseide und schwarzes Maschinenquiltgarn

Anleitung

Schneiden Sie aus den beiden rostfarbenen Stoffen und dem Vlies Stücke der Größe 100 x 45 cm zu. Legen Sie zuerst das Vlies auf den Tisch, darüber den rostfarbenen Stoff und darauf mit der rechten Seite nach innen den kleingemusterten Stoff. Stecken und reihen Sie die drei Lagen zusammen und steppen Sie füßchenbreit an den Außenseiten entlang. Lassen Sie an einer langen Seite eine Öffnung zum Wenden (ca. 25 cm). Bevor Sie die Tasche wenden, entfernen Sie die Nadeln und Reihfäden. Nähen Sie nun die Vortasche aus doppeltem Stoff auf die Vorderseite. Die Größe der Vortasche richtet sich nach dem Motiv auf Ihrem Stoff. Für die Henkel nähen Sie aus zwei Stoffstücken der Größe 110 x 10 cm einen Tunnel, wenden Sie den Tunnel auf die rechte Seite und ziehen Sie unter Zuhilfenahme einer Sicherheitsnadel ein passend großes Vliesstück ein.

Quilten

Nach diesen Näharbeiten können Sie die Tasche zum Quilten vorbereiten. Zeichnen Sie die geraden Linien mit einem hellen Kreidestift vor, die gewundenen Linien werden nicht vorgezeichnet, sondern frei gequiltet. Bereiten Sie Ihre Nähmaschine zum freien Quilten vor, indem Sie den Stick- oder Stopffuß einsetzen, den Transporteur versenken und das schwarze Maschinenquiltgarn in die Nadel einfädeln. Führen Sie nun das Taschenteil innerhalb der vorgezeichneten Längslinien mit leichtem Druck beider Hände unter der Nadel hin und her, sodass eine Art Mäandermuster entsteht.

Um die geraden Linien zu steppen, holen Sie den Transporteur wieder hoch und setzen den Nähfuß oder Quiltfuß wieder ein. Steppen Sie die geraden und schrägen Linien auf der Tasche und auch auf den Henkeln.

Fertigstellen der Tasche

Nähen Sie die Seitennähte der Tasche von der rechten Seite aus zu. Nähen Sie die Henkel ebenfalls mit der Nähmaschine an. Zum Schluss werden die Knöpfe auf die Henkelenden aufgenäht.

7. Topfhandschuh

Diese praktischen Topflappen schützen Ihre Hände vor den heißesten Topfgriffen und auch vor heißem Dampf. Zur besseren Stabilität wurde mit der Nähmaschine ein Gittermuster gequiltet. Die Kanten wurden mit Schrägband eingefasst.

Material
✦ 40 cm blau karierter Baumwollstoff
✦ 20 cm Baumwollstoff in Gelb
✦ 250 cm gefalztes blaues Schrägband
✦ Nähseide
✦ blaues Maschinenquiltgarn
✦ 50 cm leichtes Baumwollvlies

Anleitung
Schneiden Sie aus dem blaukarierten und dem gelben Stoff sowie aus dem Vlies je ein Stück in der Größe von 80 x 20 cm zu. Legen Sie diese 3 Stoffe in folgender Reihenfolge aufeinander: Zuerst legen Sie den Karostoff mit der rechten Seite nach unten auf den Tisch, darauf das Vlies und dann den gelben Stoff. Stecken Sie die drei Lagen mit Stecknadeln zusammen und reihen Sie sie.

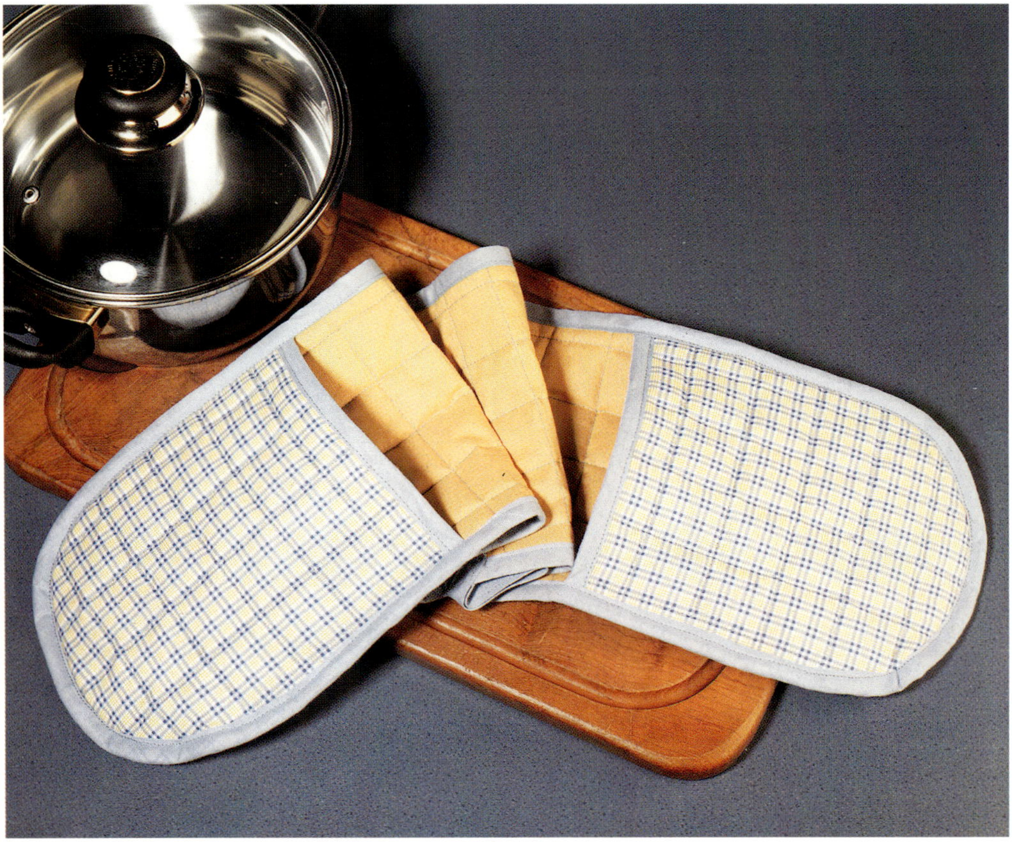

Schneiden Sie nun aus dem blau karierten Stoff 4 Stücke der Größe 20 x 25 cm zu, ebenso 2 Vliesstücke in dieser Größe. Le-

gen Sie ein Karostoffstück mit der rechten Seite nach unten auf den Tisch, darauf das Vlies und dann das zweite Karostück mit der rechten Seite nach oben. Stecken Sie die drei Lagen mit Stecknadeln zusammen und reihen Sie sie.

Mit den restlichen Stoffstücken verfahren Sie ebenso. Fassen Sie jeweils eine kurze Seite dieser drei Stofflagen mit Schrägband ein.

Quilten

Nun sind alle Teile zum Quilten vorbereitet. Zeichnen Sie die geraden Linien für das Gittermuster im Abstand von 3,5 cm mit einem hellen Kreidestift auf der gelben Stoffseite vor, bei den kleineren Teilen muss auf der karierten Stoffseite gezeich-

net werden. Fädeln Sie das Maschinenquiltgarn in die Nähmaschinennadel und steppen Sie die Linien.

Fertigstellen des Topfhandschuhs

Legen Sie das breite Teil des Topfhandschuhs mit der gelben Seite nach oben auf den Tisch, legen Sie darauf links und rechts bündig die beiden kleinen karierten Teile. Schneiden Sie die langen Außenkanten gegebenenfalls gerade und die kurzen Seitenteile so nach, dass sich eine leichte Rundung ergibt. Stecken Sie die Teile aufeinander und fassen Sie sie mit Schrägband ein.

Ganz zum Schluss nähen Sie in die Mitte des Topfhandschuhs einen Aufhänger aus Schrägband an.

8. Wandbehang Kathedrale

Das Muster dieses Wandbehangs (fertige Größe 90 x 78 cm) wurde aus 7 einfarbigen Blautönen in verschiedenen Farbschattierungen gepatcht.

Für die breite Umrandung haben wir einen silberblau gemusterten Stoff gewählt, in dessen floralem Design sich die vielen Blautöne wiederholen.

Material

+ jeweils 12 cm Baumwollstoff von 7 verschiedenen Blautönen
+ 12 cm Baumwollstoff in Schwarz
+ 50 cm silberblau gemusterter Baumwollstoff
+ 80 cm mittleres Baumwollvlies
+ 80 cm Baumwollstoff in Dunkelblau für die Rückseite und 10 cm für die Tunnelaufhängung
+ blaue Nähseide

+ silbermetallicfarbenes Maschinenquiltgarn

Anleitung

Schneiden Sie von jeder der sieben Baumwollstoffe 2 Streifen von 6 cm Breite, den schwarzen Stoff schneiden Sie in 4 Streifen von je 3 cm und den silberblau gemusterten in 4 Streifen je 10 cm Breite. Schneiden Sie die Streifen präzise mit dem Rollcutter auf der Schneidematte.

Legen Sie die Stoffstreifen von dunkel nach hell nebeneinander, wiederholen Sie dies noch einmal und nähen Sie die einzelnen Stoffstreifen füßchenbreit aneinander. Sie erhalten ein Stoffstück aus 14 aneinander genähten Streifen.

Falten Sie das Streifenstück längs und legen Sie den ersten und den letzten Streifen so aufeinander, dass sie rechts auf rechts

liegen. Nähen Sie die beiden Streifen aneinander – Sie erhalten jetzt einen Schlauch.

Schneiden Sie von dem Schlauch folgende Runden ab:

Zwei 7 cm breite Streifenrollen, drei 6 cm breite, vier 5,5 cm und vier 4,5 cm breite Streifenrollen, vier 3,5 cm breite und zehn 2,5 cm breite Streifenrollen.

Legen Sie die Streifenrollen in der entsprechenden Breite nebeneinander:

7/6/5,5/4,5/3,5/2,5/2,5/2,5/2,5/3,5/
4,5/5,5/6/5,5/4,5/3,5/2,5/2,5/2,5/2,5/
2,5/3,5/4,5/5,5/6/6.

Sehen Sie sich das Foto an und prüfen Sie, welches die obere Farbe eines jeden Streifens ist. Mit einem Nahtauftrenner trennen Sie die einzelnen Streifenrollen so auf, dass die entsprechende Farbe oben ist. Zum Beispiel bei der ersten 7 cm breiten Streifenrolle durchtrennen Sie die Naht zwischen dem dunkelsten Blau und dem hellsten Blau, bei der nächsten Streifenrolle, der 6 cm breiten, durchtrennen Sie die Naht zwischen hellstem und dem zweithellsten Blau, usw.

Nähen Sie nun die Streifen in der Reihenfolge füßchenbreit aneinander und bügeln Sie die Nähte anschließend in eine Richtung. Nähen Sie nun seitlich die schmalen Randstreifen an, dann oben und unten. Mit der breiten Bordüre verfahren Sie ebenso. Bügeln Sie das Quilttop sorgfältig.

Für den Tunnel nehmen Sie den 10 cm breiten Streifen und kürzen ihn auf 80 cm für die Aufhängevorrichtung. Bügeln Sie alle Kanten dieses 10 x 80 cm großen Stoffstückes nach innen. Steppen Sie die kurzen Seiten des Tunnels. Er wird erst ganz zum Schluss nach dem Quilten des Wandbehanges mit der Hand aufgenäht.

Legen Sie die Quiltoberseite und Unterseite rechts auf rechts aufeinander, das zugeschnittene Vlies legen Sie darunter. Streichen Sie die Stofflagen mit den Händen glatt und stecken Sie die drei Lagen mit Nadeln zusammen. Reihen Sie die Stofflagen mehrmals zusammen, sodass sie nicht verrutschen können. Steppen Sie nun die 4 Seiten zusammen, beginnen Sie dabei nicht an einer Ecke, sondern ca. 30 cm davor. Beenden Sie die Naht ebenso 30 cm vor deren Anfang. Durch diese Öffnung wenden Sie den Quilt. Entfernen Sie vorher die Nadeln und die Reihfäden.

Quilten

Bevor Sie zu quilten beginnen, stecken oder reihen Sie den Quilt. Wir haben mit der Nähmaschine Linien gequiltet, die die Form eines gotischen Kirchenfensters andeuten. Zum Aufzeichnen der Quiltlinien benutzen Sie am besten einen hellen und einen dunklen Kreidestift. Orientieren Sie sich beim Aufzeichnen der Linien an dem Foto und besonders an den gepatchten dunklen Quadraten. Fädeln Sie das Metallicquiltgarn in die Nähmaschinennadel und natürlich auf die Spule und steppen Sie die Linien mit der Maschine nach.

Nach Fertigstellung der Quiltlinien nähen Sie den Tunnel zum Aufhängen mit einem verdeckten Handstich auf die Wandbehangrückseite.

9. Maschinengequilteter Sampler

Die Muster dieses Samplers (fertige Größe 90 x 90 cm) wurden mit dem Stickprogramm der Nähmaschine gequiltet. Die Maschine arbeitet dabei vollautomatisch, allerdings muss sie entsprechend programmiert werden.

Natürlich haben die wenigsten so eine Maschine. Trotzdem können Sie den Quilt nacharbeiten und Muster auf die weißen Quadrate von fertigen oder eigenen Schablonen übertragen und mit weißem oder auch blauem Handquiltgarn quilten.

Material

+ 46 cm feiner weißer Leinenstoff, 140 cm breit
+ 35 cm Baumwollstoff in Dunkelblau und 95 cm für die Rückseite
+ 50 cm blau gemusterter Baumwollstoff
+ 4 m blaues Schrägband
+ 90 cm mittleres Vlies
+ Nähseide und transparentes Quiltgarn
+ Stickaggregat für die Nähmaschine und Quiltdiskette

Anleitung

Schneiden Sie aus dem Leinenstoff 9 Quadrate in der Größe 20 x 20 cm und 2 je 3 cm breite Streifen, aus dem dunkelblauen Stoff schneiden Sie 7 Streifen von 5 cm Breite, aus dem blau gemusterten Stoff schneiden Sie 4 jeweils 12 cm breite Streifen.

Nähen Sie die Quadrate und die Streifen, wie in der Zeichnung zu sehen ist, zusammen.

Vorbereiten des Samplers zum Quilten

Schneiden Sie für die Quiltrückseite ein Stoffstück in der Größe 95 x 95 cm zu. Legen Sie das Vlies, 90 x 90 cm, und darauf legen Sie mit der rechten Seite nach oben das Quilttop. Platzieren Sie Quilttop und Vlies so, dass die Quiltunterseite an jeder Seite 2,5 cm übersteht.

Stecken und reihen Sie den Quilt mehrmals auch diagonal, damit die drei Stofflagen nicht verrutschen.

Quilten

Rüsten Sie Ihre Nähmaschine mit dem Stickaggregat aus. Schieben Sie die Quiltdiskette ein und spannen Sie nun das mittlere weiße Quadrat in den zur Maschine gehörenden Stickrahmen. Setzen Sie den Stickfuß auf die Maschine und legen Sie den Stickrahmen ein. Das rechte Quiltteil rollen Sie dabei nach innen, damit es unter

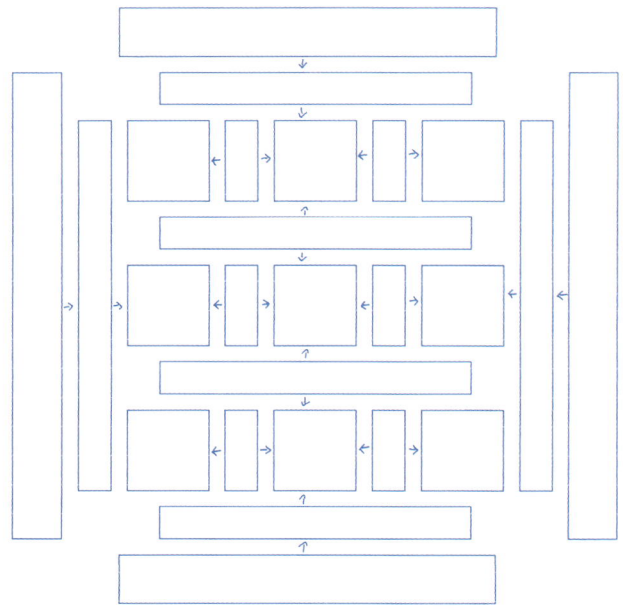

die Maschine passt. Wählen Sie nun ein Quiltmuster aus und programmieren Sie die Nähmaschine entsprechend. Beachten Sie die Angaben des Herstellers, in der Regel muss die Oberfadenspannung auf 1,5 eingestellt werden.

Arbeiten Sie so alle neun Muster.

Fertigstellen des Samplers

Schneiden Sie den Rückseitenstoff so, dass er an allen Seiten 2,5 cm größer als die Vorderseite ist. Falten Sie die Ecken der Rückseite diagonal nach vorn und bügeln Sie die Faltkante. Bügeln Sie die Außenkante der Rückseite 1 cm nach innen. Schlagen Sie nun die Kanten nach innen, sodass sie auf der Quiltoberseite liegen und diese ungefähr an jeder Seite einen guten Zentimeter einfassen. Stecken Sie die Kanten mit Stecknadeln fest und schneiden Sie an den Ecken den überstehenden Stoff ab. Steppen Sie nun die Einfassung knappkantig und entfernen Sie die Nadeln und die Reihfäden.

10. Quillow

Material
- 90 cm heller Baumwollstoff für das Quilttop und einen ebensolchen Stoff in der Größe 30 x 30 cm
- 90 cm Baumwollstoff, gemustert
- 150 cm Baumwollstoff in Rost
- 180 cm mittleres Volumenvlies
- 6 m schmales Schleifenband
- Nähseide und beigefarbenes Handquiltgarn

Anleitung
Schneiden Sie für die Quiltoberseite aus dem hellen Stoff ein Rechteck in der Größe 90 x 110 cm zu. Aus dem gemusterten Stoff schneiden Sie Streifen von 12 cm Breite. Nähen Sie zuerst je einen Streifen an die beiden Längsseiten, dann an die beiden kurzen Seiten des Rechtecks.

Nähen des Vlieses
Da das Vlies nur 90 cm breit liegt, schneiden Sie 1,35 cm davon ab, den Rest von ca. 45 cm schneiden Sie längs durch und nähen diese beiden schmalen Teile an der kurzen Seite zusammen. Nun nähen Sie mit Zickzackstich das 1,35 m lange und das schmale Teil der Länge nach zusammen.

Nähen des Kissens
Schneiden Sie aus dem hellen Stoff ein Quadrat von 30 x 30 cm, nähen Sie 5 cm breite Streifen des gemusterten Stoffes um das Quadrat herum. Schneiden Sie für die Kissenrückseite ein Quadrat von 38 x 38 cm aus gemustertem Stoff und ein Vliesstück in derselben Größe zu. Nähen Sie diese drei Stoffe wie folgt zusammen:

Unten liegt das Vlies, darauf die Rückseite mit der rechten Seite nach oben, darauf die Vorderseite mit der rechten Seite nach unten. Bevor Sie die drei Stofflagen an den Außenseiten zusammennähen, stecken und reihen Sie sie. Lassen Sie eine Öffnung zum Wenden frei.

Nähen Sie nach dem Wenden der Kissenplatte die Öffnung mit einem verdeckten Handstich zu.

Quilten der Kissenplatte

Kleben Sie zur Markierung der diagonalen und waagerechten Linien Kreppband auf den hellen Stoff. Quilten Sie die Linien mit hellem Handquiltgarn.

Fertigstellen der Kissenplatte

Schneiden Sie aus rostfarbenem Stoff einen Streifen von 15 cm ab. Legen Sie die Längsseiten aufeinander und nähen Sie daraus einen Schlauch. Wenden Sie den Schlauch und nähen Sie ihn um drei Seiten der Kissenplatte.

Legen Sie nun Ihre Quiltrückseite in der Größe 110 x 135 cm auf den Tisch. Markieren Sie sich die Mitte der kurzen Seite, also 55 cm mit Kreide, ca. 2 cm von der Kante

entfernt. Markieren Sie die Mitte der Kissenplatte und stecken Sie sie mit Stecknadeln auf die Mitte der Rückseite. Die Seite der Kissenplatte, die nicht mit dem Steg versehen ist, zeigt zur Mitte der Quiltrückseite. Steppen Sie den Steg der Kissenplatte auf die Quiltrückseite.

Fertigstellen des Quillos

Legen Sie das Vlies auf den Tisch, darüber die rostfarbene Quiltrückseite mit der Tasche nach oben und darauf, mit der rechten Seite nach innen, die Quiltoberseite.

Stecken und reihen Sie die drei Stofflagen aneinander. Nähen Sie nun füßchenbreit die drei Stofflagen zusammen; beginnen Sie nicht an einer Ecke, sondern 30 cm vor der Ecke. Beenden Sie die Naht 40 cm vor deren Beginn.

Entfernen Sie Stecknadeln und Reihfäden und wenden Sie den Quilt. Nähen Sie zuletzt die Öffnung mit einem verdeckten Handstich zu.

Quilten des Quillos

Nun lernen Sie eine weitere Methode, die drei Stofflagen miteinander zu verbinden, kennen – das Punktquilten. Es ist eine einfache Methode, die wenig Zeit erfordert. Sie können sie entweder mit der Hand oder mit der Nähmaschine durchführen.

Zuerst markieren Sie die Punkte auf der Quiltoberseite, an denen die drei Lagen miteinander verbunden werden sollen. Die Abstände können immer gleich groß sein, alle in einer Linie oder auch versetzt.

Sie können einen einfachen Knoten arbeiten, einen Zierstich oder ein Bändchen aufsetzen. Wir haben uns für die Schleifchen entschieden. Es werden kleine Schleifen gebunden und auf die Mitte des markierten Quiltpunktes gelegt und mit mehreren kleinen Quiltstichen festgenäht.

11. Tischläufer

Der Tischläufer ist 62 x 52 cm groß und wurde aus einem nur wenig gemusterten Baumwollstoff gearbeitet. Er ist mit einer schmalen Kante aus Strukturleinen eingefasst. Da das Muster so schön reliefartig hervortritt, eignet er sich auch gut als Wandbehang. Deshalb haben wir in die Rückseite der Umrandung, knapp unter der Kante, zwei Knopflöcher eingearbeitet, sodass man einen dünnen Stock zur Aufhängung anbringen kann.

Material
- 60 x 50 cm leicht gemusterter Baumwollstoff für die Vorderseite und 60 x 50 cm für die Rückseite
- 65 x 55 cm Vlies in mittlerer Stärke
- 2 Streifen Leinenstoff, je 8 cm breit
- Nähseide
- Handquiltgarn
- 3 Schablonen Tischläufer

Quilten
Zeichnen Sie die Muster für die Blätter gemäß der Schablone Tischläufer mit einem hellen Kreidestift auf dem wenig gemusterten Stoff vor. Legen Sie nun zwischen Vorder- und Rückseite das Vlies. Stecken und reihen Sie die drei Lagen zusammen.

Quilten Sie die Linien mit einem farblich passenden Handquiltgarn. Der Hintergrund wurde frei gequiltet, d.h. ohne das Muster vorzuzeichnen. Hintergrundquilten verleiht einem Quilt eine besonders gleichmäßige Struktur.

Die Linien sollten geschwungen verlaufen und möglichst wenig unterbrochen sein. Man spricht hier auch vom Mäanderquilten.

Fertigstellen des Tischläufers
Steppen Sie an die langen Seiten des Quilts je einen Streifen Leinenstoff, und zwar rechts auf rechts.

Klappen Sie diesen Streifen nach hinten um, schlagen Sie ihn knapp ein und nähen Sie ihn mit einem verdeckten Handstich knappkantig an der Rückseite an.

Steppen Sie nun an die kurzen Seiten des Quilts rechts auf rechts je einen Streifen Leinenstoff.

Kippen Sie auch diesen auf die Rückseite, schlagen Sie ihn knapp ein und nähen Sie ihn ebenfalls mit einem verdeckten Handstich fest.

12. Abendtasche

Diese Abendtaschen aus schwarzer Wildseide sind durch Quilten dezent veredelt worden. Die fertige Größe beträgt 20 x 30 cm, also geräumig genug für unentbehrliche Kleinigkeiten.

Material für handgequiltete Tasche
- 65 cm schwarze Wildseide
- 65 cm leichtes Baumwollvlies
- 2 Druckknöpfe
- schwarze Nähseide und schwarzes Handquiltgarn
- 1 Stück feste Pappe, 18 x 29 cm
- Schablone Abendtasche

Anleitung
Schneiden Sie aus der Wildseite 2 Rechtecke der Größe 60 x 32 cm zu, und zwar so, dass der Fadenlauf parallel zur kurzen Seite verläuft, denn bei der Abendtasche sollen die sichtbaren Fäden und Knötchen waagerecht verlaufen. Legen Sie die beiden Rechtecke aufeinander, das Vlies darunter und reihen Sie die drei Stofflagen

zusammen. Nähen Sie nun die Stofflagen füßchenbreit an den Außenkanten zusammen, fangen Sie dabei nicht an einer Ecke an, sondern 15 cm davor.

Nähen Sie die Naht nur soweit zusammen, dass in der Mitte einer langen Seite eine ca. 20 cm breite Öffnung verbleibt. Entfernen Sie die Reihfäden, wenden Sie die Tasche und bügeln Sie sie glatt.

Formen Sie nun die Tasche, indem Sie eine kurze Seite 17 cm umschlagen. Nun haben Sie die eigentliche Taschengröße vor sich. Stecken Sie den Umschlag fest.

Durch die Öffnung wird nach dem Quilten noch die Pappe zur Versteifung hineingeschoben.

Quilten

Auf den sich ergebenden Umschlag der Tasche zeichnen Sie mit Lineal und Kreidestift geometrische Linien und quilten diese mit schwarzem Handquiltgarn.

Zum Quilten des Mittelornamentes folgen Sie der Schablone Abendtasche.

Fertigstellen der Tasche

Schieben Sie die Pappe zur Versteifung der Taschenrückwand zwischen die Stoffe. Nähen Sie nun von der rechten Seite ganz knapp an beiden Seiten das Taschenteil zu.

Material für Tasche mit Maschinenstickerei

❖ 65 cm schwarze Wildseide
❖ 65 cm leichtes Baumwollvlies
❖ 2 Druckknöpfe
❖ schwarze Nähseide und goldfarbenes Maschinenstickgarn
❖ 1 Stück feste Pappe, 18 x 29 cm

Anleitung

Schneiden Sie aus der Wildseite 2 Rechtecke der Größe 60 x 32 cm zu, und zwar so, dass der Fadenlauf parallel zur kurzen Seite verläuft. Klappen Sie nun beide Ecken einer kurzen Seite nach innen, sodass eine Spitze entsteht, und bügeln Sie die Falte. Schneiden Sie in dem Faltenkniff die beiden Ecken ab. Legen Sie die beiden Stoffstücke aufeinander, das Vlies darunter und reihen Sie die drei Stofflagen zusammen. Nähen Sie nun die Stofflagen füßchenbreit an den Außenkanten zusammen, fangen Sie dabei nicht an einer Ecke an, sondern 15 cm davor. Nähen Sie die Naht nur soweit zusammen, dass in der Mitte einer langen Seite eine ca. 20 cm breite Öffnung verbleibt. Entfernen Sie die Reihfäden und wenden Sie die Tasche. Bügeln Sie sie glatt. Formen Sie nun die Tasche, indem Sie die kurze Seite mit der Spitze ca. 17 cm umschlagen. Nun haben Sie die eigentliche Taschengröße vor sich. Stecken Sie den Umschlag fest.

Durch die Öffnung wird nach dem Quilten noch die Pappe zur Versteifung hineingeschoben.

Maschinenstickerei

Auf die Spitze der Tasche sticken Sie nun einen Zierstich mit der Nähmaschine.

Fertigstellen der Tasche

Schieben Sie die Pappe zur Versteifung der Taschenrückwand zwischen die Stoffe. Nähen Sie nun von der rechten Seite ganz knapp an beiden Seiten das Taschenteil zu. Ein schöner goldfarbener Knopf bringt noch mehr Glanz auf die Tasche.

13. Seidenkissen – Trapunto

Trapunto und Corded Quilting, auch „Italienisches Quilten" genannt, ist eine Quiltmethode, um Blüten, Blätter oder Ornamente eines Quilts besonders hervorzuheben. Dabei quiltet man um das Ornament herum und drückt von der Rückseite des Ornaments durch eine kleine Öffnung in der Quiltrückseite etwas Füllmaterial hinein. Dadurch wird das Ornament voluminöser als der übrige Quilt (Trapunto). Diesen Effekt kann man noch steigern, indem man 3 mm neben der Quiltlinie eine Parallellinie quiltet und durch diese, ebenfalls von der Rückseite, eine weiche Wollkordel einzieht (Corded Quilting). Wenn Sie eine dunkle Kordel in einen hellen Stoff einziehen, wirkt es wie ein Schatten.

Material

✦ 44 cm Wildseide (140 cm breit)
✦ 44 x 44 cm Nessel
✦ ein mittleres Polyestervlies, 44 x 44 cm
✦ Nähseide und Handquiltgarn
✦ weiche Kordel
✦ ein wenig lockere Wattierung
✦ Schablone Trapunto

Anleitung

Schneiden Sie ein Stück Wildseide in der Größe 44 x 44 cm zu, übertragen Sie das zu quiltende Muster von der Schablone Trapunto, legen Sie es auf das Vlies und darunter den Nessel. Reihen Sie die drei Lagen zusammen und quilten Sie die Doppellinien um das Motiv herum. Von der

Rückseite schneiden Sie in der Höhe eines Einzelornaments den Nessel vorsichtig etwas ein und drücken lockere Wattierung hinein. Ebenfalls von der Rückseite schneiden Sie kleine Schlitze in die Rundungen der Tunnel und ziehen mit einer Stopfnadel die weiche Kordel ein. Zum besseren Durchschieben benötigt man etwa 5 cm lange Schlitze.

Nach dem Füllen und Einziehen der Kordel nähen Sie alle Öffnungen mit der Hand wieder zu.

Stellen Sie das Kissen – wie bei der Anleitung „Entenkissen" (S. 26) beschrieben – fertig. Das Kissen mit dem Herzmotiv und das mit dem Blumenmotiv werden genauso gearbeitet. Verwenden Sie zum Quilten die Schablonen Seidenkissen – Herz und Seidenkissen – Blume.

14. Wandbehang Adventskranz

Traditionelle Wandbehänge mit Kranz- oder Tannenmotiven schmücken zur Weihnachtszeit sicherlich manches amerikanische und inzwischen auch deutsche Heim. Meistens werden sie aus rotgrünen Stoffen genäht und bestehen aus Blockhausmustern und Umrandungen. Unser Wandbehang ist 70 x 70 cm groß und besteht aus 16 Musterblöcken des traditionellen Blockhaus- oder Log-Cabin-Musters.

Material

- 50 cm heller Baumwollstoff
- 30 cm grün gemusterter Baumwollstoff
- 30 cm rot gemusterter Baumwollstoff und 40 cm für die Umrandung
- 75 cm Baumwollstoff für die Rückseite
- 75 cm leichtes Volumenvlies
- Nähseide und helles Handquiltgarn
- Schablonen Adventskranz

Anleitung

Schneiden Sie die Stoffe wie folgt mit dem Rollcutter in Streifen.

Der hell gemusterte Stoff wird in zwei 3 cm breite Streifen, in drei 4 cm und in vier 5 cm breite Streifen geschnitten. Der rot gemusterte Baumwollstoff wird in drei 3 cm breite und drei 4 cm breite Streifen geschnitten. Schneiden Sie aus dem 3 cm breiten rot gemusterten Stoffstreifen 16 Quadrate von 3 x 3 cm. Schneiden Sie nun den grün gemusterten Stoff in vier 3 cm und vier 4 cm breite Streifen. Für die Umrandung schließlich wird der rot gemusterte Stoff in vier 10 cm breite Streifen geschnitten.

Nähen Sie nun immer vier Musterblöcke gemäß der Anleitung „Entenkissen – Log Cabin" (siehe Seite 25 f.). Beginnen Sie für je 4 Blöcke mit einem kleinen hellen Stoff-

quadrat und legen Sie einen hellen, 3 cm breiten Streifen auf das Quadrat, sodass die Kanten rechtsbündig sind. Nähen Sie füßchenbreit eine Naht bis zum Ende des Quadrats und schneiden Sie den angenähten Streifen bündig mit dem Quadrat ab. Bügeln Sie die Nahtzugabe vom Quadrat weg nach außen.

Drehen Sie die Arbeit um 90 Grad, legen Sie wieder einen hellen Streifen bündig rechts auf rechts auf die aufgeklappte Seite des ersten Streifens und nähen Sie ihn fest. Schneiden Sie den überstehenden Stoffstreifen ab und bügeln Sie die Nahtzugabe nach außen.

Drehen Sie die Arbeit nun wieder um 90 Grad und nähen Sie einen grünen 4 cm breiten Streifen in der gleichen Weise an. Prüfen Sie immer, ob der Streifen auch passgenau auf dem untenliegenden Stoffstück liegt.

Fahren Sie so fort, bis Sie 6 helle, schmale Streifen und 4 breite, grüne Streifen angenäht haben. Beginnen Sie für die nächsten 4 Blöcke mit einem rot gemusterten Quadrat und nähen Sie, wie beschrieben, rot gemusterte, 3 cm breite und helle, 4 cm

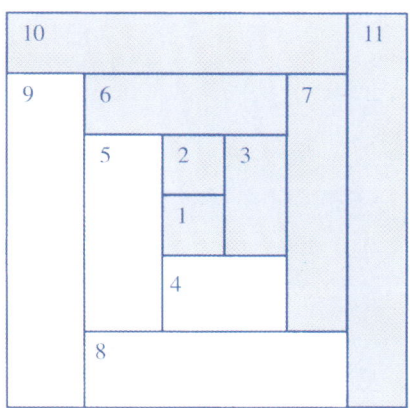

breite Streifen an. Die nächsten 4 Blöcke haben ebenfalls ein rot gemustertes Quadrat als Mittelpunkt, an das 3 cm breite rot gemusterte und 4 cm breite grüne Streifen angenäht werden. Die letzten 4 Blöcke beginnen ebenfalls mit einem roten Quadrat, an das 3 cm breite grüne und 4 cm breite rot gemusterte Streifen angenäht werden. Sind die 16 Stoffblöcke fertig, werden sie gemäß Foto zusammengenäht, sodass sich ein Kranz ergibt.

len Streifen und daran die 10 cm breiten rot gemusterten Streifen. Bügeln Sie die Quiltoberseite aus.

Legen Sie die gleich große Rückseite und die Quiltoberseite rechts auf rechts aufeinander, das Vlies darunter, stecken und reihen Sie die drei Lagen und steppen Sie füßchenbreit an den Außenkanten entlang, wobei Sie in der Mitte einer Seite eine ca. 25 cm lange Öffnung zum Wenden lassen.

Ergänzen Sie nun das Kranzmotiv an den Außenseiten wie folgt: Schneiden Sie aus den 3 cm breiten grünen Streifen 4 Stücke von 14 cm und 4 Stücke von 16 cm. Nähen Sie jeweils einen kurzen und einen längeren Streifen an der Längsseite versetzt aneinander. Daran nähen Sie jeweils links und rechts einen 4 cm breiten hellen Streifen von ca. 17 cm Länge an. Das Motiv ist nun fertig. Nähen Sie rundherum die 5 cm breiten hel-

Quilten

Zeichnen Sie das Quiltmuster gemäß der Schablone Adventskranz mit dem Phantomstift vor und quilten Sie mit hellem Handquiltgarn.

Aufhängevorrichtung

Die Aufhängevorrichtung wird wie die Aufhängevorrichtung des Wandbehanges Kathedrale (siehe Seite 34) gearbeitet.

15. Baumwollkissen

Material

- 50 cm heller Baumwollstoff
- 50 x 50 cm Nesselstoff
- ein mittleres Polyestervlies, 50 x 50 cm
- Nähseide und Handquiltgarn
- ein wenig lockere Wattierung
- Schablonen Adventskranz

Anleitung

Schneiden Sie ein Stück Baumwollstoff in der Größe 50 x 50 cm zu, übertragen Sie darauf das zu quiltende Muster von der Schablone Adventskranz, legen Sie es auf das Vlies, darunter den Nessel. Reihen Sie die drei Lagen zusammen und quilten Sie das Motiv.

Für die Rückseite verwenden Sie den restlichen Stoff – falls er, wie üblich, 110 cm breit liegt – beträgt die restliche Größe 50 x 60 cm. Falten Sie dieses Stück von der langen Seite her einmal in der Mitte und schneiden Sie diese Stoffkante durch.

Stellen Sie das Kissen, wie unter Entenkissen beschrieben (s. S. 26), fertig.

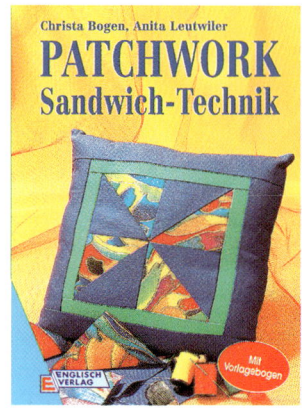